DES

REPRÉSENTANTS

DE COMMERCE

De leurs Droits et de leurs Obligations

PAR

M. FOUREIX

Avocat à la Cour impériale

Docteur en droit

chargé du Cours de Droit commercial au Lycée Impérial

LYON

IMPRIMERIE DE VEUVE MOUGIN-RUSAND

Rue Tupin, 16

1862

DES

REPRÉSENTANTS DE COMMERCE

De leurs Droits & de leurs Obligations

DES

REPRÉSENTANTS

DE COMMERCE

De leurs Droits et de leurs Obligations

PAR

M. FOUREIX

Avocat à la Cour impériale

Docteur en droit

chargé du Cours de Droit commercial au Lycée Impérial

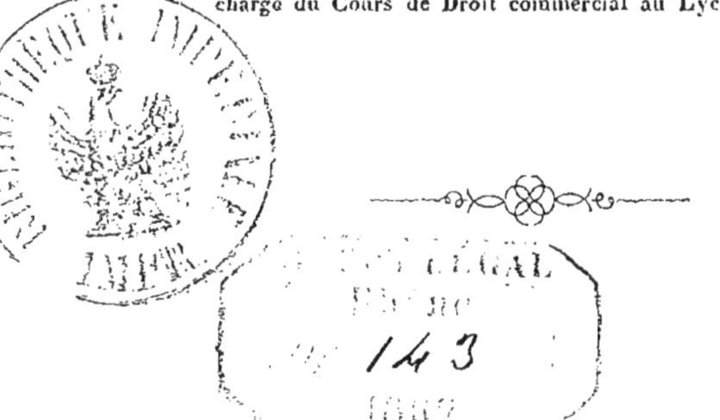

LYON

IMPRIMERIE DE VEUVE MOUGIN-RUSAND

Rue Tupin, 16

1862

PRÉFACE

La représentation n'est pas un fait entièrement nouveau, puisqu'elle est une application du mandat civil aux affaires commerciales; mais, comme profession, elle est une création toute nouvelle, née, dans notre époque de progrès industriels et commerciaux, des besoins du commerce et des prodigieux développements donnés à l'industrie par les merveilleuses découvertes des chemins de fer et de la télégraphie. A ce titre et au point de vue de son utilité et des services qu'elle rend, nous avons cru qu'elle devait être étudiée. Notre intention a été d'essayer de préciser le système à l'ombre duquel nos lois permettent l'exercice de cette profession, de lui tracer une voie sûre entre le privilége des courtiers de marchandises et la liberté des professions.

Dans ce but, nous sommes parti des principes de

la loi des 2 et 17 mars 1791, de ceux de l'article 4 de la loi du 27 prairial an x, des articles 1984 à 2010 du Code Napoléon, de l'article 92 du Code de commerce, qui proclament la liberté dans les transactions, la liberté dans le choix d'un mandataire, la liberté dans le mandat, et de la loi de finances du 4 juin 1858, qui reconnaît la profession de représentant de commerce et lui délivre un passeport en lui imposant une patente. Nous avons étudié la représentation dans les actes et dans les opérations par lesquels elle se produit; nous l'avons suivie dans ses manifestations les plus générales et les plus pratiques, et rapprochant des principes précités les lois qui règlent le privilége des courtiers de marchandises (loi du 28 ventôse an IX, arrêté du 27 prairial an x, articles 74 à 90 du Code de commerce), nous avons essayé d'indiquer la ligne de démarcation qui sépare les deux professions et le *criterium* à l'aide duquel on peut distinguer une opération de courtage d'une opération de représentation. Plusieurs arrêts de Cours impériales et de la Cour de cassation, et d'éloquents plaidoyers pour et contre la représentation, nous ont souvent guidé et éclairé. Enfin, notre doctrine étant exposée et justifiée, nous en avons tiré les conséquences légales sur les devoirs et les obligations des représentants envers les représentés, et réciproquement des représentés envers les représentants.

Ceux qui voudront bien nous lire apprécieront cette théorie, et quelle que soit leur opinion, ils n'oublieront pas que nous n'avons eu d'autre intention que celle de soutenir l'esprit de notre époque dont le mérite et la grandeur tendent à faire marcher le progrès et à le faire triompher de l'oppression qu'exercent les priviléges égoïstes, l'ignorance attardée et la routine intéressée.

M. FOUREIX

Avocat à la Cour impériale
Docteur en droit.

DES

REPRÉSENTANTS DE COMMERCE

De leurs Droits et de leurs Obligations.

« . . . .
« La faculté de travailler est un des premiers droits de l'homme.
« Ce droit est sa propriété, et c'est sans doute, suivant l'expres-
« sion de ce ministre philosophe qui avait deviné quelques-unes
« de vos pensées, c'est sans doute *la première propriété*, *la plus*
« *sacrée*, *la plus imprescriptible*.....
« . . . .
« L'âme du commerce est l'industrie, l'âme de l'industrie est
« la liberté..... »

(Rapport de M. Dallarde, au nom du comité des contributions publiques, lu à la séance de l'Assemblée constituante, le 15 février 1791).

(*Moniteur* du 17 février 1791).

CHAPITRE I.

De la Représentation comme profession utile & licite.

1. Il y a soixante-dix ans que nos pères, s'affranchissant des entraves gênantes des préjugés du vieux temps et de la servitude féodale, proclamèrent, avec la liberté individuelle, *la liberté des professions, du commerce et de l'industrie* (1).

(1) Loi des 2 et 17 mars 1791, article 7...

Ce fut le prélude du renouvellement de la société et du changement radical des mœurs publiques. A dater de ce jour, la France, qui avait voulu être commerçante avec Colbert d'abord, et plus tard avec l'infortuné Necker, commença à l'être véritablement. Puis l'esprit du siècle s'étant produit entreprenant, hardi et audacieux dans le commerce, elle est devenue une nation de commerçants et d'industriels. Aujourd'hui, d'immortelles découvertes poussant la prospérité active du jour vers la prospérité plus active du lendemain, de nouveaux besoins se sont fait sentir, de nouvelles professions ont apparu, et le progrès, dans sa marche constamment ascendante, a foulé à ses pieds les maîtrises et les jurandes, les priviléges et la prohibition, pour laisser arriver la liberté et le libre-échange.

Les négociants ne veulent plus être en tutelle, le travail n'a plus besoin d'être conduit en lisières. L'ignorance des vendeurs et des acheteurs, jadis proverbiale, a fait place au savoir général; il n'y a plus de privilégiés pour être au courant des nouvelles du continent, des mouvements commerciaux des places de l'Europe; tout le monde peut connaître journellement et plusieurs fois par jour la cote des marchandises et des métalliques, non-seulement sur les marchés du monde ancien, mais encore sur ceux du monde nouveau; la vapeur et l'électricité secondant la presse et les journaux, la presse, les journaux ont régénéré la publicité avec ses immenses moyens; les lumières de la science ont pénétré partout; et, ce que le commerçant ne pouvait savoir ou ne pouvait faire il y a un demi-siècle, que par des intermédiaires spéciaux et spécialement instruits, il peut le faire aujourd'hui par lui-même aisément, ou par cet autre lui-même que la loi appela mandataire et que la pratique commerciale a appelé *représentant.*

Toutes les aspirations s'appliquent au travail, ce droit primordial que nulle puissance ne pourrait étouffer. La loi juste et équitable appelle à leur libre exercice toutes les professions anciennes et nouvelles, celles qui sont vieilles comme le monde et celles qui sont nées d'hier des besoins nouveaux éprouvés par l'industrie et par le commerce. La concurrence est multipliée ; l'activité et la production étrangères sont à nos portes prêtes à nous devancer et à profiter de nos lenteurs et de nos embarras. Il n'y a plus de distances entre la France et les autres nations du monde. La lutte pacifique des intérêts est engagée sur tous les points du globe. L'étranger fonde des comptoirs et des succursales dans nos principales villes; le producteur français, pour soutenir la lutte, a besoin, plus que jamais, de confier à des mandataires le soin de ses affaires sur les places où il ne peut pas être par lui-même ; le mouvement général exige qu'il se fasse *représenter* sur tous les marchés où s'agitent ses intérêts.

La *représentation*, création de notre époque, est devenue une nécessité de tous les jours ; le *représentant* de commerce, enfant de la prospérité commerciale et industrielle, est indispensable.

Cependant son existence est attaquée, on lui conteste le droit de vivre de la vie commune, libre et indépendante, telle que la proclament nos lois et nos institutions fondamentales.

Cette attaque ne serait-elle par hasard que l'expression d'une jalousie mal déguisée ?

C'est ce que nous rechercherons ; mais avant constatons l'existence légale du *représentant de commerce.*

2. Grammaticalement, le *représentant* est la personne qui fait les affaires d'une autre personne ; légalement, c'est la personne qui a le pouvoir de faire quelque chose pour une autre et au nom de celle-ci. (Art. 1984 du Code Napoléon.)

C'est un mandataire commercial.

Dans la langue du commerce, c'est un agent qui reçoit et exécute les ordres des commerçants ses mandants et fait leurs affaires, à peu de frais, là où ils auraient été obligés d'établir une succursale, à grands frais. Il est l'auxiliaire du commerçant pour lequel il agit avec une promptitude que l'on ne trouverait pas dans tout autre intermédiaire, et avec une probité et une fidélité d'autant plus rigoureuses qu'il reçoit une rétribution, et qu'il a intérêt à mériter l'estime et la confiance de son mandant.

3. La *représentation* est une profession, elle est autre chose qu'un fait accidentel. L'homme qui consacre son

temps et son activité à faire les affaires des commerçants qui l'ont investi de leur confiance, accomplit évidemment autre chose que des actes accidentels. Si ses mandats, aujourd'hui au nombre de deux ou de trois, s'élèvent demain au nombre de 10, de 12 ou de 15, et absorbent pour leur exercice toutes ses journées, toute son activité; si aujourd'hui il achète ou vend des marchandises pour des commerçants de Marseille, de Bordeaux et du Hâvre, demain pour les commerçants de Londres, d'Amsterdam, de Tunis, de New-Yorck, il faut bien reconnaître que sa vie s'écoule et que ses facultés se consument à représenter les commerçants ; qu'en un mot, il fait métier ou profession de représenter les commerçants, qu'il exerce une profession. C'est évident.

C'est une profession licite, puisque le législateur a pris soin de la définir et de la faire entrer dans le domaine de la loi.

La loi des finances du 4 juin 1858 définit ainsi le représentant de commerce : « *Celui qui, n'étant pas courtier et n'ayant ni boutique ni magasin, achète et vend pour le compte des marchands, moyennant une remise proportionnelle sur le prix des achats ou des ventes.* »

La boutique ou le magasin sont, selon nous, inutiles dans la définition; la boutique est le lieu où le public trouvera le représentant; ses actes seuls constituent sa profession. Sa boutique ou son magasin n'est qu'un dépôt d'échantillons des marchandises des maisons du dehors; sa profession, c'est la vente et l'achat de marchandises pour le compte de ses mandants.

Le représentant de commerce est patentable. Il est soumis au droit réglé conformément au tableau annexé à la loi du 4 juin 1858.

L'examen des matrices des contributions mobilières et des patentes des villes de commerce, révèle l'existence de milliers de patentés sous la qualification de *représentant de commerce.* On les compte par mille à Paris, à Lyon, à Marseille... Leur nombre total, en France, dépasse 14,000, sans compter ceux au moins aussi nombreux qui ne se font pas connaître pour éviter la patente. Chaque maison de commerce est obligée aujourd'hui d'avoir un ou plusieurs représentants dans les principales villes, c'est une condition de son existence et de sa prospérité; chaque industrie, chaque commerce, chaque négoce a les siens.

Il y en a autant d'espèces qu'il y a d'espèces de produits et d'objets dans le commerce.

Le Code de Commerce n'a point abrogé la loi des 2 et 17 mars 1791; la liberté des professions est un droit inattaquable, la liberté dans les transactions commerciales est un droit incontestable, la liberté dans le choix d'un mandataire est écrite dans le Code Napoléon, sous le titre du mandat. Or, le commerçant qui donne à un homme de son choix, mandat d'acheter ou de vendre pour lui, de débattre et de défendre ses intérêts, ne fait qu'user des facultés accordées par la loi, et celui qui accepte ce mandat et se fait mandataire de ce commerçant, ne fait à son tour qu'user des mêmes facultés. L'un et l'autre sont libres et doivent être libres. Prétendre les empêcher d'être mandant et mandataire l'un de l'autre serait évidemment attenter à leur droit le plus légitime et le plus naturel.

Si l'on ne peut légalement et raisonnablement commettre une pareille atteinte, il faut reconnaître que tout commerçant a le droit de se faire représenter par celui auquel il a conféré ses pouvoirs, et que celui qui accepte ces pouvoirs a le droit de représenter son mandant (1).

La *représentation* est donc un fait constant, multiple, légal et constitutif d'une profession nécessaire et indispensable. Vouloir le nier serait vouloir nier l'évidence ; vouloir le combattre serait lutter contre la loi, contre la nécessité et contre les besoins journaliers du commerce.

La pratique de tous les jours est sa plus éloquente justification. Le fait est supérieur à tous les raisonnements.

Les commerçants notables, les négociants que leur lon-

(1) Cour de cassation, 24 juillet 1852.
Cour de cassation, 15 janvier 1855.
Troplong. Traité du mandat, nos 60, 61, 62, 63, 64, 68, 69.
Toutes les décisions judiciaires rendues en matière de courtage reconnaissent l'existence *légale* de la représentation. On en citera de nombreuses dans le courant de ce travail.

gue et honorable expérience a appelés au sein des Chambres de Commerce de Lyon, de Marseille, de Nantes, de Bordeaux, proclament son utilité en réclamant l'abolition du privilége des courtiers comme gênant et préjudiciable au commerce et aux affaires en général.

4. Si la représentation est une profession en fait et en droit, comme on ne peut le contester, quels en sont les caractères propres ?

La représentation s'exerce dans le domaine du droit civil et du droit commercial. Elle naît d'un ou plusieurs mandats spéciaux. La bonne foi et la loyauté commerciales président à son exercice. Son essence est commerciale, son objet est commercial.

Le contrat qui intervient entre le représentant et le représenté est un contrat du droit des gens, consensuel, synallagmatique et révocable. Il est parfait par le simple consentement des parties, sans formalités, et son existence peut être établie par toutes sortes de preuves littérales, verbales...

Le représentant de commerce est un mandataire, libre d'accepter ou de refuser le mandat qui lui est offert, proposant ou refusant ses services.

Il n'agit pas en son nom propre, il agit au nom de son mandant. S'il agit en son nom propre, il contracte une obligation personnelle, et, en ce cas, il n'a pas fait acte de représentation.

Il peut recevoir et payer pour le compte de son mandant.

Il peut se porter garant des opérations qu'il fait pour son mandant.

Il peut se substituer un tiers de son choix, sous sa responsabilité personnelle.

Il doit compte de son mandat, et il est exposé à toutes les actions qu'entraîne un mandat dépassé ou mal exécuté.

S'il sort de ces limites, si, par exemple, il agit dans l'intérêt de l'acheteur et du vendeur, s'il se fait intermédiaire, il fait un acte qui lui est défendu, il empiète sur les attributions du courtier de marchandises, et commet un délit qui l'expose à être traduit devant le tribunal correctionnel.

5. Quand donc et comment donc le représentant de commerce fait-il acte de courtage illicite ?

Mais d'abord qu'est-ce que le courtage ? Qu'est-ce qu'un courtier de marchandises ?

CHAPITRE II.

De la Représentation & du Courtage.

Le courtage est l'acte du courtier, l'entremise entre le vendeur et l'acheteur, par laquelle le courtier, moyennant une rétribution payée par les deux parties, fait conclure un achat ou une vente de marchandises.

Le courtier est un officier public nommé par l'Empereur, pour servir d'agent intermédiaire dans les actes de commerce et constater officiellement le cours des marchandises et des métalliques.

Citons, pour plus d'exactitude, les textes des lois qui régissent cette profession :

Art. 74 *du Code de commerce :* « La loi reconnait pour « les actes de commerce des agents intermédiaires, sa- « voir : les agents de change et les courtiers. »

Art. 75. « Ils sont nommés par l'Empereur. »

Art. 78. « Les courtiers de marchandises, constitués « de la manière prescrite par la loi, ont seuls le droit de « faire le courtage des marchandises, d'en constater le « cours ; ils exercent, concurremment avec les agents de « change, le courtage des matières métalliques. »

Art. 84. « Les agents de change et courtiers sont tenus « d'avoir un livre revêtu des formes prescrites par l'art. 11.

« Ils sont tenus de consigner dans ce livre, jour par « jour et par ordre de dates, sans ratures, interlignes ni « transpositions, et sans abréviations ni chiffres, toutes les « conditions des ventes, achats, assurances, négociations, « et en général de toutes les opérations faites par leur mi- « nistère. »

Art. 85. « Un courtier ne peut, dans aucun cas et sous « aucun prétexte, faire des opérations de commerce ou de « banque pour son compte.

« Il ne peut s'intéresser directement ni indirectement, « sous son nom ou sous un nom interposé, dans aucune « entreprise commerciale.

« Il ne peut recevoir ni payer pour le compte de ses « commettants. »

Art. 86. « Il ne peut se rendre garant de l'exécution « des marchés dans lesquels il s'entremet. »

Art. 87. « Toute contravention aux dispositions énon-« cées dans les deux articles précédents, entraîne la peine « de destitution et une condamnation d'amende, qui sera « prononcée par le Tribunal de police correctionnelle, et « qui ne peut être au-dessous de trois mille francs, sans « préjudice de l'action des parties en dommages-inté-« rêts. »

Enfin, d'autres dispositions que le Code de commerce n'a point abrogées, savoir: l'article 13 de la loi du 8 mai 1791, les articles 7 et 8 de la loi du 28 ventôse an IX, les articles 4 et 10 de l'Arrêté du 27 prairial an X, disposent que le courtier de commerce ne peut pas faire de négociations par des intermédiaires, commis ou représentants, qu'il doit les faire par lui-même, personnellement, sous peine de destitution.

Ajoutons, pour éviter toute discussion, que si le législateur a presque toujours réglementé les agents de change et les courtiers par les mêmes lois, le décret du 13 octobre 1859, qui a permis aux agents de change de la Seine d'avoir des *commis principaux* qui sont investis du droit de prendre part à la gestion de l'office, en engageant par leurs actes la responsabilité du titulaire, n'a pas parlé des courtiers.

Il résulte de ces textes que le courtier est un officier public créé dans l'intérêt du commerce, pour rapprocher, dans une circonscription déterminée, en général, dans la place où existe une Bourse de commerce, le vendeur et l'acheteur, les guider dans la fixation du prix des marchandises, réunir l'offre de l'un à l'acceptation de l'autre et en constater l'existence ou l'acte accompli, c'est-à-dire la vente. Seul il a le droit, dans sa circonscription, de faire cette opération, ou, suivant les termes consacrés par la pratique, de faire le courtage des marchandises. Il reçoit les ordres de vente du vendeur et les ordres d'achat de l'acheteur: pour le vendeur il cherche un acheteur, pour l'acheteur il cherche un vendeur, *cursitat* il court, d'où est venu le mot courtier, investi de la confiance des deux parties; conclut seul l'opération, en certifie les conditions et s'efface. Une discipline sévère trace ses devoirs, il doit agir avec une probité, une honnêteté et une impartialité absolues que la loi lui impose en lui défendant de faire des opérations de commerce pour son compte, de s'intéresser directement ou indirectement dans des entreprises commerciales, de payer pour le compte de ses commettants, de se porter garant de l'exécution des marchés dans lesquels il s'est entremis, et en l'obligeant à consigner fidèlement sur ses livres les opérations faites par son ministère. Il est le notaire des transactions commerciales. Il constate officiellement le cours des marchandises et des métalliques.

6. De ces mêmes textes il résulte aussi que le courtier n'est pas un intermédiaire unique imposé aux commerçants, indispensable dans les transactions commerciales. Si, en le créant, le législateur a eu la pensée d'en faire un agent utile aux négociants dont les relations s'étendent sur les places les plus éloignées, il n'a pas déclaré qu'on ne pourrait pas se passer de lui. L'emploie qui veut et ne l'emploie pas qui ne veut pas. Chacun est libre de faire ses affaires par lui-même ou par un mandataire de son choix. Le commerçant qui ne peut pas traiter une opération ou plusieurs par lui-même, et qui ne veut pas ou ne peut pas choisir un mandataire ordinaire, a recours au courtier dont le caractère d'officier public lui offre toute sécurité. Mais celui qui veut se transporter en personne sur la place où s'agitent ses intérêts, les traitera lui-même; et celui qui ne voudra pas se déplacer et qui donnera ses pouvoirs à un de ses commis qu'il y enverra, ou à un homme expérimenté, fixé sur la place, en qui il aura confiance, les fera faire par ce commis ou par ce mandataire établi sur la place.

L'ordonnance du commerce, de mars 1673, avait dit : *Ne prend courtier qui ne veut.*

L'Arrêté du 27 prairial an x porte, sous son article 4 :

. . . .

« Il est néanmoins permis à tous particuliers de négo-
« cier entre eux et par eux-mêmes les lettres de change
« ou billets à leur ordre ou au porteur, et tous les effets de
« commerce qu'ils garantiront par leur endossement, et
« de vendre aussi par eux-mêmes leurs marchandises. »

Le Code Napoléon, en édictant le titre si large et si libéral du mandat par ses articles 1984 et suivants, le Code de commerce, en instituant le commissionnaire par ses articles 91 et 92, ont de nouveau proclamé cette liberté.

Donc tout commerçant a le droit de vendre ou d'acheter, soit par lui-même, soit par un mandataire spécial (1).

L'entremise du courtier n'est obligatoire que lorsque le commerçant n'use pas de l'une des facultés qui viennent d'être indiquées; toute opération commerciale faite par une autre personne que le commerçant lui-même ou par son mandataire spécial, commissionnaire ou représentant, ou par un courtier, est un empiétement sur le privilége du courtier, et par conséquent un acte de courtage illicite.

7. Des règles qui précèdent il semble résulter qu'il doit y avoir collision constante entre le courtier et le représentant de commerce. Tous deux négocient des transactions commerciales, tous deux agissent pour des mandants, tous deux sont des mandataires salariés. Plus grand est le nom-

(1) Cour de cassation, 15 janvier 1855.

bre des opérations traitées par les représentants de commerce, moins nombreuses sont les affaires des courtiers, et réciproquement plus les courtiers traitent d'affaires, moins les représentants en négocient. C'est une concurrence continuelle, inévitable, et qui paraît d'autant plus dangereuse pour les courtiers que les aspirations du commerce tendent de plus en plus vers la représentation, qui a le mérite d'offrir aux négociants les innombrables avantages qu'elle tire de son indépendance et de sa prodigieuse activité.

Cependant, cette lutte est plus apparente que réelle. Le représentant traite bien des affaires que pourrait traiter le courtier, mais presque toujours il subit des conditions que le courtier ne pourrait pas accepter sans violer les lois qui régissent sa profession. Le commerce a ses exigences, et la plupart du temps le représentant est obligé, pour conclure un marché, de se porter caution de son mandant. Le courtier ne pourrait pas le faire. Le représentant reçoit et paie journellement pour son commettant ; la loi le défend expressément au courtier. Le courtier est tenu de faire ses opérations de courtage en personne ; le représentant de commerce peut se substituer un commis quelconque. Le courtier enfin disparaît dès que le marché est conclu et qu'il en a certifié les termes ; le représentant, au contraire, demeure, par sa signature, exposé aux actions judiciaires auxquelles peut donner naissance le mandat dont il est porteur, soit de la part de son mandant, soit de la part de celui avec lequel il a contracté.

Il n'est pas possible, au surplus, que les actes d'un commis puissent être confondus avec les actes d'un officier public.

Enfin, ce n'est pas par les résultats obtenus par les représentants et par les courtiers qu'il faut juger cet antagonisme, C'EST PAR LA NATURE DES OPÉRATIONS, C'EST PAR LES CONDITIONS DANS LESQUELLES ELLES SE PRODUISENT.

8. Le caractère propre des opérations du représentant de commerce, c'est d'être entamées, conduites et consommées par lui comme mandataire, pour compte et au nom du mandant. Quand il a des marchandises à vendre, tout d'abord il déclare à celui auquel il les propose qu'il est le mandataire ou le représentant de M. A., négociant à L...; que les marchandises appartiennent à ce négociant, et qu'il les vend pour son compte. Si la vente est consentie, s'il rédige un acte sous signatures privées, ou s'il échange une simple lettre avec l'acheteur, il n'oublie jamais de mentionner qu'il agit *au nom et comme représentant de M. A., en vertu d'une procuration régulière;* et pour surcroît de précaution, la prudence lui commande, si la procuration est enregistrée, d'en mentionner la date et l'enregistrement. Si cette procuration ne résulte que d'une lettre, comme c'est l'usage, il a soin, si le nombre des affaires confiées par le mandant est considérable, de la soumettre au timbre et à l'enregistrement. Dans tous les cas, le représentant qui accepte une procuration par

lettre, exige que cette lettre-procuration lui arrive par la poste, sans enveloppe, afin qu'elle soit frappée du timbre de la poste, lequel a, sinon la valeur d'une preuve légale de la date, du moins le mérite d'une grave présomption. Ce sont les représentants et les commissionnaires qui, les premiers, ont appris à leurs dépens le danger de l'enveloppe.

Cette date précise justifie la sincérité du mandat, il n'est pas permis de le soupçonner de complaisance.

S'il achète, il observe les mêmes précautions.

Ses livres, régulièrement tenus, mentionnent ses mandats avec leurs prescriptions essentielles.

S'il se porte garant des opérations, s'il reçoit de l'argent et donne quittance, s'il souscrit, endosse ou négocie des effets de commerce, à l'occasion des opérations autorisées par ses pouvoirs, il fait toujours précéder sa signature de la déclaration sommaire de sa qualité de mandataire. « Je soussigné, agissant comme mandataire spécial, ou comme représentant de M. A.; » ou encore : « en outre « de ma qualité de mandataire spécial ou de représentant « de M. A., je me porte personnellement garant de telle « vente ou de tel marché » ; ou encore : « bon pour aval « en mon nom personnel, en outre de ma qualité de man- « dataire ou de représentant de M. A. »

9. Le représentant de commerce, dans toutes les opérations qu'il négocie, est et doit être le continuateur de la personne de son mandant. C'est son mandant qui parle par

sa bouche, c'est son mandant qui signe par sa plume, c'est son mandant qui contracte par sa personne.

10. Il n'agit qu'en vertu d'un ordre de son mandant, il ne prend pas l'initiative. S'il vend, il a reçu ordre de vendre; s'il achète, il a reçu ordre d'acheter.

11. Les différents mandats dont il est investi ne doivent pas se faire concurrence.

Ses mandants ne peuvent pas être tour-à-tour acheteurs et vendeurs au regard les uns des autres.

12. Il ne va pas au-devant des affaires, il ne cherche pas à les faire naître; son action, ses agissements sont dans son mandat.

Sans doute, il lui est permis d'offrir ses services à une maison de commerce qui a ou peut avoir besoin d'un mandataire ou d'un représentant dans la ville où il est établi. C'est un droit naturel qui lui est commun avec le plus humble serviteur de la société qui cherche un emploi, une place, afin de gagner par son travail son pain quotidien, un salaire.

13. Mais il lui est défendu de provoquer des marchés, de chercher un vendeur et un acheteur, de se faire intermédiaire volontaire, de se charger des intérêts de celui qui offre sa marchandise et des intérêts de celui qui est disposé à l'acheter. Il empièterait de la sorte sur le privilége du courtier.

A l'heure où il n'est pas occupé et où ses commettants

ne lui donnent pas d'ordres à exécuter, il ne doit pas se laisser tenter jusqu'à s'enquérir des besoins d'un commerçant qui aurait des marchandises à vendre, et des besoins d'un commerçant qui désirerait acheter des marchandises de cette nature.

14. Cependant, sans cesser d'être l'homme de son commettant, il peut incontestablement s'enquérir des mouvements de la place, et rencontrant une opération avantageuse à traiter, la porter spontanément à la connaissance du commerçant qu'il représente, et sur l'ordre qu'il en recevra, la négocier et la conclure. Il n'aura pas cessé, dans cette opération, d'être mandataire, il a fait l'affaire de son mandant, il a heureusement surveillé ses intérêts.

15. Que si, à cette occasion, on critiquait sa conduite et on lui disait qu'en signalant cet achat à son mandant, il avait cherché et trouvé d'avance un acheteur, et qu'ainsi, au moment de la consommation du contrat, il avait tenu dans sa main l'intérêt du vendeur, son mandant, et dans l'autre, l'intérêt de l'acheteur cherché et trouvé, il répondrait qu'il n'y pas eu co-existence des deux mandats ; qu'en supposant qu'il ait connu le commerçant qui achèterait les marchandises qu'il engageait son mandant à acheter, il n'a jamais eu une certitude, il ne s'est jamais engagé définitivement envers cet acheteur, puisqu'il ne connaissait pas la volonté de son commettant, puisque son commettant pouvait refuser ou accepter en lui dictant des conditions de

nature à modifier ou même à détruire l'engagement que l'on suppose qu'il aurait pris envers son acheteur supposé. Quant à avoir eu l'espoir ou la perspective d'un placement de ces marchandises, il n'aurait pas à le nier, car l'espoir et la perspective de tirer profit d'une opération sont évidemment dans la pensée et dans l'esprit de tout commerçant qui se livre à un commerce sérieux, avec intention de réaliser un gain ou un bénéfice.

L'acheteur a été son adversaire, il a eu à débattre le prix et les conditions de la vente; il n'a donc pas été son *alter ego*, il a été son ennemi.

16. Le représentant ne reçoit de rémunération que de son commettant. Son co-contractant ne lui doit rien, pas plus qu'il ne devrait à son mandant dont il est la personnification.

17. Enfin, les opérations du représentant respirent toujours un parfum de liberté et d'indépendance que l'on ne retrouve pas dans celles du courtier, que la loi et la discipline retiennent dans des limites circonscrites et étroites.

18. Le caractère propre des opérations auxquelles le courtier prête son entremise, c'est d'être entamées, conduites et consommées en vertu d'un double mandat, en vertu du mandat du vendeur et en vertu du mandat de l'acheteur.

Le courtier est le notaire des deux parties, obligé de leur prêter son ministère et de défendre leurs intérêts avec cette impartialité absolue qui est la condition de son existence.

19. A la différence du représentant, le courtier est le maître de la spéculation ; elle dépend de sa discrétion et de sa probité.

20. Il est le confident des besoins du commerce, l'auxiliaire de tous ceux qui viendront lui demander son entremise, et le mandataire de tous ceux qui voudront le charger d'une vente ou d'un achat.

21. L'opération que fait conclure le courtier ne porte aucune trace de son entremise ; il ne signe ni convention, ni lettre, et ne parle pas plus au nom de l'acheteur qu'au nom du vendeur. Quand l'offre est réunie à l'acceptation, il constate cette réunion sur ses livres à lui, qui n'appartiennent à aucune des parties, et il disparait.

22. La rémunération due à l'occasion de la négociation est à la charge du vendeur et de l'acheteur par égales portions ; le courtier la reçoit des deux.

23. Les difficultés qui peuvent naître de l'opération n'atteignent jamais le courtier ; s'il intervient, ce n'est qu'officieusement et pour attester la convention et ses conditions.

24. Les opérations conclues par le courtier sont marquées d'un cachet d'authenticité ; elles sont l'œuvre d'un officier public, au lieu que celles que fait conclure le représentant n'ont d'autre cachet que celui que leur imprime un simple commis ou un simple commerçant.

25. Par ces différents traits distinctifs et par ceux que nous avons indiqués plus haut, en citant les textes des lois qui régissent les courtiers, on peut apercevoir aisément la ligne de démarcation qui sépare les deux professions.

Une opération étant donnée, si l'on veut savoir qui du courtier ou du représentant avait le droit de la conclure, *on étudiera sa nature* et on la soumettra à l'épreuve des principes et des distinctions que nous avons brièvement indiquées.

26. Si l'on ne considérait que le résultat des opérations que font les représentants de commerce, sans en rechercher leur nature, on arriverait involontairement à penser qu'ils s'entremettent à la façon des courtiers pour la vente et l'achat des marchandises, et qu'ainsi ils commettent constamment le délit de courtage illicite. Mais les esprits sérieux ne sauraient juger sur les apparences, il leur faut étudier le fond des choses et des actions, leur nature et les conditions dans lesquelles elles se produisent.

C'est par cette confusion des résultats et des moyens que peuvent s'expliquer les décisions judiciaires qui n'accordent aux commerçants le droit d'avoir des représentants pour vendre leurs marchandises, qu'autant que ces représentants seront leurs propres commis; celles qui, en concédant aux commerçants la faculté de choisir des représentants en dehors de leurs commis, exigent que ces représentants ne représentent qu'une seule maison de commerce;

et la doctrine qui soutient que les représentants ne peuvent avoir pour commettants plusieurs négociants de la même industrie.

27. A ceux qui disent que les commerçants ne peuvent avoir d'autres représentants que leurs propres commis, il faut lire et relire la loi des 2 et 17 mars 1791, sur la liberté des professions, les articles 1984 et suivants du Code Napoléon, sur le mandat, et les articles 91 et 92 du Code de commerce, sur les commissionnaires; il faut leur rappeler la pratique de tous les jours, le bon sens et la raison qui protestent hautement contre les théories bornées et insoutenables. Pourquoi donc, si nos lois ne sont pas de vains mots, si nos actes de tous les jours ne sont pas des rêves, un commerçant n'aurait-il pas le droit de faire ce que tout le monde fait, ce qui s'est fait dans tous les temps et dans tous les lieux? Ce ne sont pas nos lois modernes qui ont institué la liberté dans le mandat, c'est la vieille raison des siècles. Les Grecs et les Romains la proclamèrent il y a plus de vingt siècles; toutes les législations qui ont succédé à celle de Rome ont copié, à peu de chose près, les règles écrites dans le Code, le Digeste et les Pandectes de l'empereur Justinien...... Mais à quoi bon discuter avec ceux qui nient l'évidence? Laissons-les en paix dans leurs idées ténébreuses et ne nous arrêtons pas à leurs raisonnements imaginaires. Tenons pour certain, avec tout le monde, que les commerçants peuvent, comme les non-commerçants,

choisir leurs mandataires hors de leurs propres commis, partout où ils voudront.

28. Le système qui consiste à imposer au représentant l'obligation de n'être le mandataire que d'un seul commerçant, n'est pas moins que le précédent en opposition avec les dispositions des lois que nous avons citées ; car, si l'on permet à un homme d'être le mandataire d'un négociant, il n'y a pas de motifs sérieux pour lui interdire d'être le mandataire de deux ou de trois ou de dix..... négociants. Et, bizarrerie étrange, avec lui la représentation d'une seule maison de commerce est régulière et légale, et la représentation de deux ou de trois est irrégulière et illégale !! Le représentant qui n'est le mandataire que d'un seul commerçant, accomplit des actes à l'abri de toute critique, et s'il vient à être le mandataire de deux, il commettra immédiatement des délits passibles de peines correctionnelles ! Aucune loi, et notamment celles qui régissent le courtage, n'ont dit qu'un seul fait ne constituait pas le délit de courtage illicite, qu'il fallait plusieurs faits. C'est outrager le bon sens et la raison que de raisonner de la sorte : un acte unique de représentation est innocent, un acte double ou triple est coupable !!!

Tous ceux qui ont étudié nos lois savent parfaitement que le Code pénal n'exige pas la pluralité des faits pour qu'il y ait délit ; un seul suffit. Le malheureux qui commet un vol ne s'est jamais défendu en disant : Je n'ai commis qu'un seul vol, donc je ne suis pas coupable. Que les partisans de cette doctrine interrogent les agents de la force publique, les gendarmes et les sergents de ville qui, certes, n'ont pas fait de profondes études sur le droit, et qu'ils leur demandent si, quand ils voient un malfaiteur introduire sa main dans la poche de son voisin et s'emparer de sa bourse, ils attendent pour l'arrêter et dresser procès-verbal, qu'il ait volé deux ou trois personnes et soustrait deux ou trois bourses. Leur réponse les surprendra peut-être, mais elle ne surprendra qu'eux, et leur système, tout le monde l'approuvera, parce que tout le monde sait que si un fait est un délit, deux faits, trois faits seront deux délits, trois délits, et que si un fait n'est pas un délit, deux faits, trois faits semblables ne seront pas des délits, mais bien des faits licites comme le premier.

Sans doute la pluralité des faits peut avoir une influence sur l'esprit du juge pour l'application de la peine, mais elle n'en peut et n'en doit avoir aucune pour la constitution du délit et pour sa qualification.

On ne fera jamais comprendre à personne qu'un représentant de commerce puisse être traduit en police correctionnelle pour avoir fait deux fois, trois fois ou quatre fois ce qu'il avait fait très légalement une seule fois, dans les mêmes circonstances et dans les mêmes conditions. Ce qui est licite une fois doit l'être dix et vingt fois ; ce qui est illicite une fois l'est à plus forte raison deux fois, trois fois ou cent fois. La légalité est une et indivisible, elle est absolue dans son essence et ne dépend ni du nombre, ni du plus, ni du moins. Elle est ou elle n'est pas. Si elle est une fois, elle est dix et mille fois. Il en est de même de l'illégalité.

Il faut donc reconnaître que si la représentation d'une seule maison de commerce ne constitue pas le délit de courtage illicite, que si la représentation en principe est licite, elle doit l'être toujours.

Donc le représentant de commerce peut représenter deux, trois, dix, vingt, cent maisons de commerce.

Ajoutons qu'aucune Cour impériale n'a consacré le système que nous venons de combattre. Il résulte de deux ou trois jugements de Tribunaux correctionnels. Nous citerons plus loin le texte d'un arrêt de la Cour de cassation, chambre criminelle, du 24 juillet 1852, qui l'a implicitement réfuté (1).

29. La doctrine qui refuse aux représentants d'avoir

---

(1) Cour impériale d'Amiens, 5 août 1854.
Cour de cassation, 15 janvier 1855.
Cour impériale de Douai, 18 juin 1858.
Bertin, journal *Le Droit*, nos des 23 et 24 janvier 1861.
Plaidoiries des Mes Jules Favre et Sénard, rapportées dans *Le Droit*, nos des 10 février, 31 mai et 5 juin 1861.
Conclusions de M. l'avocat général Barbier, rapportées dans *Le Droit*, no du 6 juin 1861.

pour commettants plusieurs négociants de la même industrie, a le mérite de vouloir favoriser la représentation en prévenant le représentant contre le danger des mandats qui se font concurrence; elle avertit le représentant et l'engage à veiller à ce que ses mandants ne soient pas tour-à-tour vendeurs et acheteurs au regard les uns des autres.

L'idée est bonne, mais elle ne doit pas être convertie en un principe qui serait d'autant plus dangereux qu'il entraverait la liberté des professions et qu'il exigerait des représentants autant de connaissances spéciales qu'ils auraient d'industries différentes à représenter.

Dès l'instant où il est admis que la représentation est une profession licite et surtout nécessaire au commerce, il faut, par voie de conséquence, lui permettre de s'exercer dans toute l'étendue des limites tracées par la loi. Aucun texte n'imposant au représentant l'obligation de ne représenter que des commerçants d'industries distinctes, il peut les représenter toutes simultanément. Plusieurs textes lui interdisant de faire du courtage, il n'en doit jamais faire. C'est à lui de veiller sur sa conduite et sur ses opérations, et de faire en sorte que *par leur nature et par les conditions dans lesquelles elles se produisent*, elles ne dégénèrent pas en opérations illicites de courtage.

30. Nous avons dit qu'il ne fallait pas juger la représentation par les résultats que produisent ses opérations, mais par la nature même de ces opérations, et par les conditions

dans lesquelles elles se manifestent et s'accomplissent.

En effet, les achats et les ventes de marchandises, qu'elles soient faites par les commerçants eux-mêmes, par les commis de leurs magasins, par des courtiers ou par des représentants, ont toujours des traits communs de ressemblance. Dans toutes, il y a une offre et une acceptation, un vendeur et un acheteur mis en rapport, de la marchandise promise ou livrée, un prix versé ou promis. Si on les appréciait sous cette physionomie générale, on s'exposerait facilement à les confondre ou au moins à n'apercevoir entre elles aucune différence légale.

Particulièrement, la représentation et le courtage ont ce caractère commun de *s'exercer en vertu d'un mandat* qui, considéré dans son apparence et dans son résultat, peut engendrer de regrettables confusions. Le courtier reçoit le mandat du vendeur et le mandat de l'acheteur, les rapproche et conclut le marché. Le représentant, investi du mandat du vendeur seulement ou de l'acheteur seulement, conclut le marché au nom de son commettant, dont il est le continuateur. Le résultat est le même, mais les moyens sont différents, mais les agissements sont d'une nature différente.

C'est donc dans la nature même des opérations qu'il faut chercher leurs caractères légaux (1). Si par leurs élé-

---

(1) Cour de cassation, chambre criminelle, 24 juillet 1852.

ments constitutifs elles révèlent des actes de commission ou de représentation, la personne qui les a accomplis est à l'abri de tout reproche. Si elles révèlent des actes de courtage, elles motivent contre leur auteur les peines que la loi prononce contre le courtage illicite.

Le principal des éléments constitutifs de la nature de l'opération, c'est la qualité de celui qui a traité. S'il a agi au nom d'autrui, en vertu d'un mandat spécial, dans un seul intérêt, celui du mandant, il est manifeste que ses actes ne ressemblent pas à ceux que la loi a exclusivement confiés au courtier.

Si, au contraire, il a agi de son chef, sans mandat ni ordre, comme intermédiaire spontané, dans l'intérêt des deux parties, il a empiété sur les attributions du courtier.

Dans le premier cas, ses actes sont à l'abri de toute critique, et les tribunaux doivent le protéger contre toute agression, en déclarant qu'il n'a fait qu'user du droit proclamé par la loi.

Dans le second cas, ses actes son blâmables; il a enfreint les dispositions de la loi, les tribunaux doivent le frapper des peines édictées par la loi.

Quant aux autres éléments, il n'est pas possible de les préciser; ils sont variés comme les opérations elles-mêmes; ils dépendent des circonstances de personne, de temps, de lieu, de fait. . . . Ce sont des questions de fait qui nécessairement sont laissées à l'appréciation des juges. Elles sont comprises et saisies matériellement, mais elles ne peuvent être classées théoriquement.

Les juges rechercheront donc dans les faits et dans la nature même des opérations leurs véritables caractères légaux.

31. Cette doctrine n'est point de création récente, elle est aussi vieille que les principes d'appréciation des actions humaines, et que les principes d'interprétation des conventions, principes que les législateurs anciens proclamèrent comme *principes de raison et d'équité*, et que nos codes modernes ont reproduit avec empressement.

32. La Cour de cassation, chambre criminelle, appelée à connaître de la question de la représentation et du courtage illicite, rendait, le 24 juillet 1852, un arrêt dans lequel nous lisons ce qui suit :

« . . . .

« . . . .

« Attendu que la loi a défini ce qui constitue les actes « dont elle a entendu assurer le privilége aux courtiers, « dans les villes où ils sont institués, et par suite, ce qui « les distingue des actes de commission ou de mandat « privé ;

« Attendu que l'article 74 du Code de commerce admet « pour les actes de commerce, des agents intermédiaires, » parmi lesquels sont les courtiers ;

« Attendu qu'aux termes de l'article 78 du même Code,

« ces agents ont seuls le droit de faire le courtage des « marchandises et d'en constater le cours; que, d'autre « part, il leur est défendu, par les articles 85 et 86, de « prendre aucun intérêt dans les opérations dont ils sont « chargés, de s'en rendre garants, et de rien recevoir ni « payer pour le compte de leurs commettants;

« Attendu qu'il résulte de ces diverses dispositions, que le « courtier est un officier public privilégié pour la ville dans « laquelle il est institué, et dont les fonctions consistent à « mettre en rapport les vendeurs et les acheteurs, à pré- « parer, faire et constater tous les actes tendant à la con- « sommation du marché, sans pouvoir y prendre un intérêt « personnel, ni rien recevoir, ni payer pour le compte des « contractants, ni se rendre garants de l'exécution des « marchés dans lesquels ils interviennent;

« Attendu que les fonctions ainsi déterminées, le « mandat public que les courtiers tiennent de la loi est es- « sentiellement distinct des contrats de commission et de « mandat privé, puisque le commissionnaire commercial « proprement dit, est l'intermédiaire qui conclut en son « propre nom, s'oblige seul, peut seul être actionné ou « actionner, et qui est tenu envers son commettant (ar- « ticles 91, 93, 94 et 95, Code de commerce), et que le « mandataire est l'intermédiaire qui opère au nom et pour « le compte de son mandant, lequel est seul obligé, sauf « stipulation contraire (articles 92, Code de commerce, « 1984 et suivants, C. N.);

« Attendu qu'il ressort de ces définitions que *c'est dans*
« *la nature même des opérations que doivent se trouver*
« *leurs caractères légaux.*

« . . . . »

Cet arrêt ayant renvoyé, par suite de cassation, l'examen de la question à la Cour impériale de Rouen, celle-ci, par un arrêt du 23 décembre 1852, consacra les mêmes principes dans les termes suivants :

« . . . .

« Qu'à tort les prévenus prétendent qu'ils n'ont agi
« qu'en qualité de mandataires ou de commissionnaires,
« *que la nature de leur intervention déterminée par les faits*
« *ci-dessus spécifiés*, repousse également l'une et l'autre
« qualité ; *qu'ils n'étaient pas mandataires*, *parce qu'ils*
« *n'agissaient pas au nom d'autrui*, *par suite d'un mandat*
« *spécial*, mais bien en *leur nom personnel;* qu'ils n'agis-
« saient pas dans *un seul intérêt*, *celui de leur mandant*,
« mais dans *l'intérêt simultané du vendeur et de l'acheteur*,
« entre lesquels ils s'entremettaient; qu'ils n'étaient pas
« non plus *commissionnaires*, parce qu'agissant en leur
« nom ils ne contractaient néanmoins aucune obligation
« personnelle ; qu'ils n'étaient soumis à aucune responsa-
« bilité, obligation et responsabilité qui se concentraient
« dans le vendeur et l'acheteur ;

« . . . . »

La Cour impériale d'Amiens, a, par adoption des motifs

des premiers juges, statué en ces termes, le 5 août 1854, sur la même question :

« . . . .

« . . . Qu'en ce qui concerne les commissionnaires, « ces décisions n'ont pas besoin d'être justifiées; mais qu'en « ce qui regarde les mandataires, elles ont leur raison d'être « dans les différences profondes qui séparent leur mode « d'agir de celui que la loi impose au courtier;

« Qu'en effet, celui-ci ne peut jamais être qu'un agent « impartial entre le vendeur et l'acheteur, n'ayant d'autre « caractère propre que celui d'intermédiaire désintéressé « entre les deux, prenant ou recevant des propositions de « l'un, les transmettant à l'autre, rapportant les réponses « pour préparer un marché qu'il ne pouvait conclure, per- « cevant de chacune des parties un droit de commission, « ne devant du reste prendre aucun intérêt dans les opéra- « tions, ni s'en rendre garant, ni rien toucher, ni rien payer « pour le compte d'un commettant;

« Que le mandataire privé, au contraire, muni des pou- « voirs du vendeur seul, se présente à l'acheteur, non point « comme un intermédiaire, mais comme le ferait le man- « dant lui-même, propose au nom de celui-ci, n'apporte « d'autre préoccupation que de faire valoir les intérêts « qu'il représente, discute et débat dans les conditions « ordinaires d'antagonisme d'un vendeur mis en face « d'un acheteur, conclut le marché, engage son commet-

« tant, et souvent même sa propre responsabilité, transige « en cas de difficultés, parfois se charge des recouvrements, « ne reçoit enfin que du vendeur seul la rétribution de ses « soins et services ;

« Que de pareilles opérations ainsi commencées, con- « duites et terminées, sont tellement différentes de celles « des courtiers *dans leurs éléments essentiels* qu'ils ne pour- « raient les accepter qu'en manquant à la loi de leur ins- « titution.

« . . . . »

Cet arrêt ayant été déféré à la censure de la Cour de cassation, celle-ci rendit, le 15 janvier 1855, un arrêt que nous citerons tout entier, à cause de son importance considérable.

C'est un véritable traité.

« La Cour : En ce qui touche le chef de l'arrêt attaqué « qui a statué sur l'appel de la partie civile, et relativement « à une catégorie de faits communs aux quatre prévenus ;

« Attendu, en droit, que les courtiers sont des agents « intermédiaires pour les actes de commerce (art. 74 « C. com.) ;

« Attendu que les courtiers nommés par le Gouverne- « ment ont seuls le droit d'en exercer la profession (art. « 7 et 8, loi du 28 ventôse an IX) ;

« Qu'ils ont seuls le droit de faire le courtage (art. 78 « Code com.) ;

« Attendu qu'il résulte clairement des lois sur la matière, que le privilége exclusif des courtiers de marchandises comprend tous les actes qui rentrent, *par leur nature*, dans l'exercice de leur profession, mais qu'il ne fait d'ailleurs obstacle à aucun des autres actes autorisés par les lois générales ;

« Attendu, en effet, que si l'intérêt public exigeait la suppression du libre choix d'un intermédiaire dans les plans où le Gouvernement aurait jugé utile d'établir des courtiers, il n'exigeait pas d'autres dérogations au droit commun ;

« Attendu que si l'article 4 de l'arrêté du 27 prairial an x, en rappelant à la stricte exécution des lois sur le courtage, a exprimé, dans sa disposition finale, qu'il était permis à tous particuliers de vendre par eux-mêmes leurs marchandises, cette réserve a pour objet, non de défendre des actes qui se trouveraient en dehors de la profession publique des courtiers, mais de constater que le ministère de ceux-ci n'était imposé que lorsque les particuliers croyaient devoir recourir à des intermédiaires ;

« Attendu que les termes mêmes de l'article 4 de l'arrêté précité, n'excluent nullement le mandat d'acheter ou de vendre, puisque le mandant qui s'oblige par mandataire est censé avoir contracté par lui-même ;

« Attendu que le mandat légal et exclusif, conféré aux

« courtiers est tout-à-fait destinct du mandat d'acheter et « vendre, qui peut être confié à toute autre personne, dans « les termes du Code Napoléon ;

« Que le courtier, en effet, s'entremet pour rapprocher « des intérêts différents entre eux dans leurs prétentions « respectives ; qu'il les satisfait en facilitant et procurant « l'accord de la volonté de l'acheteur et de celle du ven- « deur, sans s'identifier ni avec l'un, ni avec l'autre, ni « s'assimiler à aucune des parties ;

« Que le mandataire représente un seul intérêt pour « lequel il stipule, une seule volonté qu'il engage, et avec « lesquels il s'identifie dans leur antagonisme vis-à-vis « d'intérêts opposés, et dans la conclusion définitive de « l'affaire ;

« Qu'il suit de là que celui qui recevrait et exécuterait le « mandat de s'entremettre, comme celui qui, par sa propre « initiative, s'entremettrait par des actes de commerce, « contreviendrait aux lois constitutives du privilége exclu- » sif des courtiers ; *mais* QUE CELUI QUI RECEVRAIT ET EXÉ- « CUTERAIT LE MANDAT D'ACHETER *ou de vendre*, EN REPRÉ- « SENTANT LE MANDANT ET EN L'ENGAGEANT DÉFINITIVEMENT, « COMME SI CELUI-CI EUT AGI LUI-MÊME, NE PORTERAIT AUCUNE « ATTEINTE A CE PRIVILÉGE, ET RESTERAIT DANS LES TERMES PER- « MIS DU DROIT COMMUN ;

« Attendu, en fait, qu'il est constaté par l'arrêt atta- « qué, qui a adopté à cet égard les motifs des premiers

« juges, que les quatre prévenus, Poiré, Lefèvre, Gavory « et Madaré *avaient*, *antérieurement à la poursuite*, « *chacun un mandat spécial, pour des commerces différents* « *de diverses maisons, dans l'intérêt de chacune des-* « *quelles avaient eu lieu les opérations incriminées ; qu'à* « *l'égard de toutes ces maisons, ils avaient agi comme mu-* « *nis de pouvoirs qui les autorisaient à contracter au nom* « *de leurs mandants ; qu'ils ont, en effet, vendu pour eux,* « *obtenu les livraisons, suivi l'exécution de leurs mandats* « *dans des conséquences qui s'y rattachaient plus ou moins* « *directement*, *opéré enfin comme l'auraient fait les com-* « *mettants*, *et non comme de simples intermédiaires dé-* « *sintéressés entre les vendeurs et les acheteurs ;*

« Attendu, dès-lors, que la Cour impériale d'Amiens, en « confirmant le jugement du Tribunal de police correc- « tionnelle de la même ville, qui avait renvoyé les quatre « prévenus de la plainte, quant à cette catégorie de faits, « n'a violé aucune loi, et a fait, au contraire, une saine in- « terprétation des articles 7 et 8 de la loi du 28 ventôse « an IX, 74 et 78 du Code de commerce, et de l'article 4 de « l'Arrêté du 27 prairial an X,

« Rejette le pourvoi, quant à la disposition de l'arrêt « commun aux quatre prévenus, Poiré, Lefèvre, Gavory et « Madaré.

« En ce qui touche chacun des prévenus particulièrement :

« Attendu que Lefèvre, Gavory et Madaré, seuls con-

« damnés à l'amende et à des dommages-intérêts, par le « jugement du Tribunal de police correctionnelle d'A-« miens, avaient interjeté appel ; que l'arrêt attaqué a in-« firmé cette décision et les a renvoyés de toutes les fins de « la poursuite.

« En ce qui touche Lefèvre :

« Attendu qu'il est reconnu, en fait, par l'arrêt attaqué, « que les documents produits constataient qu'en vertu du « mandat qu'il tenait de la maison Basile et Castelnau, de « Montpellier, il avait, le 12 octobre 1852, vendu à Bayard-« Tissier, d'Amiens, dix demi-muids de vin de Narbonne; « que sur l'avis qu'il en avait donné à ses commettants, « ceux-ci lui ont répondu qu'ils ne pouvaient consentir à « expédier le nouvel ordre de ce négociant; mais qu'ils « n'ont pas persévéré dans ce refus, et que sur l'observation « de Lefèvre, qu'il n'était pas sorti des limites de son man-« dat, ils ont exécuté le marché qu'il avait fait en leur nom « avec Bayard-Tissier ;

« Attendu que le refus fait à tort, par le mandant, d'ex-« écuter un marché conclu définitivement en son nom, « ne saurait réagir sur une opération licite, consommée par « le mandataire, et en changer les caractères à son égard ;

« Attendu, dès-lors, qu'en renvoyant Lefèvre de la « plainte, quant à ce chef, l'arrêt attaqué a fait une saine « interprétation des lois de la matière.

« En ce qui touche Gavory :

« Attendu qu'il est constaté, en fait, par l'arrêt attaqué, « qu'en août et novembre 1851, le mandataire de la maison « Schaff, de la Rochelle, avait conclu deux marchés pour « des caisses de vin, avec Devauchelle et la veuve Gattier, « à Amiens ; que la réalité et la sincérité de la conclusion « définitive des marchés vis-à-vis des acheteurs étant re- « connues, il s'ensuit que Gavory n'était pas un intermé- « diaire à leur égard, mais qu'il était personnellement « obligé, si la maison Schaff ne l'était pas elle-même ;

« Attendu que s'il est constaté, en outre, par l'arrêt « attaqué, que Gavory a demandé l'approbation de cette « maison, et qu'il n'était pas dans cette circonstance resté « tout-à-fait fidèle aux prescriptions de son mandat, il n'en « résulte pas qu'il en ait référé à ses commettants avant la « conclusion du marché ; que, dès-lors, ses démarches, « faites postérieurement, tendaient uniquement et exclu- « sivement à dégager sa responsabilité personnelle ;

« Attendu que dans cet état des faits appréciés souve- « rainement par l'arrêt attaqué, ledit arrêt a pu, sans don- « ner ouverture à cassation, considérer Gavory comme « n'ayant pas fait acte de courtage,

« Rejette le pourvoi, en ce qui concerne Lefèvre et Ga- « vory, aux chefs de l'arrêt attaqué, relatifs aux faits par- « ticuliers imputés à chacun d'eux ;

« Mais en ce qui touche Madaré :

« Vu les articles 7 et 8 de la loi du 28 ventôse an IX,

« 74 et 78 Code de commerce, 4 de l'arrêté du 27 prai-
« rial an x, 65 Code pénal ;

« Attendu qu'aucun crime ni délit ne peut être excusé
« que dans les cas ou dans les circonstances où la loi dé-
« clare le fait excusable ;

« Attendu que l'article 4 de l'arrêté du 27 prairial an x,
« défend, sous les peines portées par les lois, à toutes per-
« sonnes autres que celles nommées par le Gouvernement,
« de s'immiscer, en façon quelconque, et sous quelque
« prétexte que ce soit, dans les fonctions des courtiers de
« commerce ;

« Attendu que l'infraction aux lois qui répriment le cour-
« tage illicite, ne dépend nullement du mobile qui a porté
« le prévenu à le commettre, et que des considérations pri-
« ses dans ses intérêts privés ne sauraient d'ailleurs auto-
« riser la transgression des lois d'ordre public ;

« Attendu qu'il est reconnu par l'arrêt attaqué : 1° que
« la maison Vivès, de Condom, dont Madaré était le re-
« présentant à Amiens, lui annonçait, par une lettre du 20
« juillet 1852, qu'elle ne pouvait expédier à Legrand-Bou-
« cher, au prix de 55 fr. l'hectolitre, les 13 pièces d'eau-
« de-vie qu'il désirait ; que cette lettre était une réponse
« à celle par laquelle Madaré engageait son commettant à
« faire cette expédition à ce prix, eu égard aux circons-
« tances qui ne lui avaient pas permis de se rencontrer
« avec ce négociant, avant le moment où il aurait pu

« traiter encore avec lui à cette condition ; 2° que si, par « sa lettre du 22 octobre de la même année, Madaré a « transmis à la maison Vivès le désir qu'avait Dompierre-« Goubert qu'il lui fût expédié, au prix de 68 fr. l'hecto-« litre, cinq pièces d'eau-de-vie, il ne l'a fait qu'à la prière « de ce dernier, qui voulait être ainsi indemnisé de la mau-« vaise qualité de marchandises précédemment envoyées, « et dans la crainte de voir cesser les rapports de la maison « avec ce négociant, dont il connaissait bien la solvabilité ;

« Attendu que les faits ainsi reconnus constituent mani-« festement une entremise entre le vendeur et l'acheteur, « et par suite, une immixtion dans les fonctions de courtier;

« Attendu, néanmoins, que l'arrêt attaqué, sans mécon-« naître les caractères de ces faits, a refusé d'appliquer à « Madaré l'article 8 de la loi du 28 ventôse an IX, sous le « prétexte que, dans ces circonstances, la conduite de Ma-« daré n'avait été que celle d'un mandataire dévoué aux « intérêts de la maison qu'il représentait, et désireux de lui « conserver d'utiles relations commerciales ;

« Attendu qu'en décidant ainsi, la Cour Impériale d'Amiens « a admis une excuse non autorisée par la loi, et expres-« sément violé les dispositions de loi ci-dessus visées;

« Casse l'arrêt de la Cour Impérial d'Amiens du 5 août « dernier, au chef seulement qui, statuant sur l'appel du « nommé Madaré, le renvoie de l'action publique et de « l'action civile. »

Devant la Cour Impériale de Paris (chambre des appels de police correctionnelle), M. l'avocat général Barbier, donnant ses conclusions sur le procès intenté par les courtiers de Paris à plusieurs représentants de commerce, professait la même doctrine (1).

La Cour de Paris (chambre des appels de police correctionnelle), dans son arrêt sur le même procès, courtiers de Paris contre Duperron et autres, appréciait, le 7 juin 1861, les opérations critiquées *par leur nature et par les conditions dans lesquelles elles s'étaient produites.*

C'est à la lueur de ces principes que doit être examinée toute question de représentation et de courtage illicite.

33. Il y a une foule d'opérations que les représentants de commerce peuvent faire sans craindre de commettre des actes de courtage illicite : ce sont toutes celles que la loi défend aux courtiers. Ainsi, les opérations à terme, les ventes à livrer sont absolument interdites aux courtiers ; mais elles sont entièrement permises aux représentants de commerce qui exercent une profession libre.

34. Là où il n'y a pas de courtiers institués, la représentation s'exerce sans contrariétés et sans entraves.

A ce sujet, nous devons constater ici que le privilége des courtiers de commerce est restreint à la ville même où ils

---

(1) Voir le *Droit*, numéro du 6 juin 1851.

sont établis, et qu'il ne s'étend pas à la banlieue de ces villes.

En effet, les lois qui régissent les courtiers, notamment les articles 6 de la loi du 25 ventôse an IX, 3 de l'arrêté du 27 prairial an X, et 75 du Code de commerce, ont expressément déclaré que les courtiers seraient établis dans les villes où il y aurait une Bourse de commerce. Or, l'idée de ville emporte nécessairement l'idée d'une circonscription limitée, sur laquelle s'exerce le pouvoir municipal auquel est précisément confié la police de la Bourse.

Donc là où finit la ville, là finit le pouvoir du maire et du commissaire de police, là aussi doit finir le privilége des officiers publics créés pour exercer leur ministère dans ladite ville.

La raison indique que telle doit être cette limitation, autrement l'arbitraire aurait trop de place, l'appréciation serait trop difficile, et le privilége des courtiers, qui, comme tous les priviléges, ne doit pas être étendu parce qu'il est de droit étroit, empiéterait sans motifs sur un terrain que le législateur a réservé, soit à la liberté générale du commerce, soit à d'autres courtiers institués précisément en dehors de la ville déterminée.

Il est d'ailleurs facile d'apercevoir que si l'on concédait aux courtiers la faculté d'étendre leur privilége sur la banlieue des villes dans lesquelles ils exercent leur profession, ils ne seraient plus courtiers dans une ville, mais encore dans des communes placées en dehors de la ville et même dans des villes indépendantes de celle où est établie la Bourse. Les grands centres de population comme Paris, Lyon et Marseille comprennent dans leur banlieue plusieurs villes considérables, qui ne leur sont pas assimilées et qui doivent demeurer distinctes, dans leur intérêt et dans l'intérêt du commerce et de l'industrie, tant que le législateur ne les aura pas agglomérées ou annexées au centre principal. Elles forment autant de places de commerce distinctes.

La Cour de cassation, saisie de cette question en 1852, rendit, le 24 juillet 1852, un arrêt longuement motivé qui consacre cette doctrine comme conforme à la loi.

35. Il n'y aurait pas courtage illicite de la part du représentant de commmerce qui, de son chef, offrirait à son commettant ordinaire ou à tout autre, dans une ville où il y a des courtiers, d'acheter des marchandises situées dans une ville où il n'y a pas de courtiers; car la marchandise se trouvant en un lieu libre, où le représentant a besoin d'aller pour l'examiner et pour conclure le marché avec le vendeur, l'opération qu'il conduit et qu'il va consommer est une opération permise à tout le monde, et par suite licite. Les courtiers de la ville dans laquelle le représentant a fait son offre de service ne peuvent pas s'en plaindre, parce que leur privilége étant limité à la ville où ils sont établis, ils n'auraient pas pu s'en occuper.

C'est ce qu'a décidé la Cour de cassation, le 2 avril 1852, en faveur même d'un courtier non commissionné dans la ville où il avait reçu l'ordre d'achat. A plus forte raison doit-il être décidé ainsi en faveur du représentant de commerce qui, à la différence des courtiers des différentes villes, ne rivalise avec personne.

Quand les opérations du représentant de commerce sont faites d'une place sur une autre, elles offrent l'image parfaite ou d'actes de commission ou d'actes de mandat privé. C'est là un caractère qui les distingue tout d'abord du courtage. Cependant, il ne faut pas s'y méprendre, ce fait ne sauverait pas le fond; aucun texte de loi n'exige pour élément de l'acte de courtage que les opérations qui le constituent s'accomplissent dans l'intérêt de négociants présents sur la place, ni que tous les éléments des opérations se trouvent dans la ville où le courtier est institué; les actes de courtage, comme les actes de commission ou de représentation, peuvent se produire pour les négociants présents sur la place, comme pour les négociants éloignés de la place et étrangers à son séjour. C'est élémentaire et conforme à la pratique de tous les jours. Il faut donc aller au fond des choses, abandonner les apparences et rechercher la nature des opérations accomplies. Si le représentant de commerce s'est entremis à la façon du courtier, malgré le signe extérieur, de place en place, il aura commis un acte de courtage illicite; s'il ne s'est pas entremis, s'il a agi dans les limites de son mandat et de son droit, il a accompli un acte licite et à l'abri de toute critique sérieuse (1).

36. Le privilége conféré aux courtiers de commerce ne saurait être étendu à la vente que font les propriétaires de leurs récoltes par des intermédiaires commerçants. C'est par trop évident.

Le propriétaire, en effet, qui vend les produits de ses terres, ne fait pas acte de commerce (articles 632 et 638 du Code de commerce), alors même que l'achat est fait par un négociant. Ses denrées ne deviennent marchandises qu'entre les mains des marchands qui les achètent pour les revendre. Il doit donc être libre d'employer, pour le placement et la vente de ses denrées, toute personne de son choix.

Par suite, le courtier dont l'intervention n'est applicable *qu'aux actes de commerce*, ne peut, à aucun titre, critiquer l'opération de l'intermédiaire qui a mérité la confiance du propriétaire (2).

---

(1) Cour de cassation, 24 juillet 1852.

(2) Voir dans ce sens :

Arrêt de la Cour impériale de Montpellier, du 10 mai 1858.

Arrêt de la Cour de cassation (chambre criminelle), du 10 juillet 1858.

CHAPITRE III.

De la Représentation & du Contrat de Commission.

37. Les agissements du représentant de commerce paraissent souvent se confondre avec ceux du commissionnaire. Il est utile de les distinguer.

« Le commissionnaire est, suivant les termes de l'article 91 du Code de commerce, celui qui agit en son propre nom, ou sous un nom social, pour le compte d'un commettant.

« Les devoirs du commissionnaire qui agit au nom d'un commettant sont, suivant l'article 92 du même Code, déterminés par le Code Napoléon, livre III, titre XIII. »

De ces dispositions il résulte que le commissionnaire a beaucoup d'affinité avec le représentant de commerce ; tous deux gèrent, tous deux sont comptables, tous deux accomplissent leurs opérations en vertu d'un pouvoir ou mandat. Mais ils diffèrent en plusieurs points : le représentant est l'homme du commettant, c'est le continuateur de sa personne, c'est son *alter ego*, c'est un mandataire à long terme. Le commissionnaire est indépendant du commettant, il n'est son auxiliaire que de temps à autre et pour certaines opérations ; son mandat commence et finit avec chaque opération commandée par le commettant, il lui faut autant de mandats qu'il reçoit d'ordres, *totidem mandata quot negotia gerenda.*

Le représentant de commerce oblige toujours son commettant; s'il s'oblige lui-même, ce n'est que comme garant ou caution de son commettant. Il peut très difficilement traiter en son propre nom; s'il traite en son nom, il est exposé à être soupçonné de faire du courtage illicite ou de faire une concurrence déloyale à son commettant.

Le commissionnaire, en règle générale, doit agir en son nom personnel, c'est là le principe de son institution, posé par l'article 91 du Code de commerce. L'exception indiquée par l'article 92, c'est-à-dire la faculté de faire connaître son commettant, n'est applicable que dans les cas où le commettant l'a formellement autorisée.

Sans doute le commissionnaire peut refuser la commission si le commettant ne veut pas être nommé, mais le commettant a le droit de ne la donner qu'autant qu'il ne sera pas nommé.

Les tiers aussi peuvent exiger que le commettant soit nommé s'ils n'ont pas confiance dans le commissionnaire.

38. De ces différences découlent de nombreuses conséquences.

En général, le représentant de commerce n'est pas obligé personnellement; il demeure en dehors du contrat.

Le commissionnaire demeure dans le contrat, il répond à l'action du tiers avec lequel il a traité ; son commettant, qui n'a pas été nommé, est couvert par lui.

Le commissionnaire est tenu personnellement, sauf son recours. Il ne peut pas, après la consommation de l'opération, se dégager envers son co-contractant, en faisant connaître son commettant. C'est lui qui a conclu le marché, c'est lui qui doit l'exécuter ou supporter les peines de l'inexécution ou celles de l'exécution incomplète.

Que si, dès le début, il déclare qu'il agit au nom de tel commettant, le contrat s'accomplit entre le commettant et le tiers; le commissionnaire n'est plus que le mandataire du commettant, et, dans ce cas, il ressemble, sous plusieurs rapports, au représentant de commerce, et, dans ce cas aussi, il est exposé à la critique des courtiers, qui prétendent que l'abus de cette faculté, accordée par le droit commun et par l'article 92 du Code de commerce, peut couvrir des opérations de courtage clandestin. En ces occurrences, la défense est facile ; les principes consacrés en faveur des représentants de commerce sont *à fortiori* vrais pour lui, et doivent *à fortiori* le protéger contre des prétentions jalouses.

39. Le commissionnaire est facilement exposé à ces reproches de courtage illicite par les déclarations que lui permettent la loi et l'usage. Quand il déclare expressément, au moment du contrat, qu'il *achète au nom d'une personne qu'il se réserve de nommer, et pour elle*, les courtiers sont naturellement portés à soupçonner de sa part une entremise entre vendeur et acheteur qui empiète sur leur privilége. Ce-

pendant cette déclaration est permise, elle est la même que celle du command autorisée par le droit civil. Mais c'est par la nature de l'opération et par les conditions dans lesquelles elle s'est produite qu'elle devra être appréciée, comme nous l'avons précédemment démontré.

La même difficulté peut se présenter quand le commissionnaire déclare *qu'il agit pour lui ou pour une personne qu'il nommera.*

Ces formules usitées dans la pratique souvent pour dégager la responsabilité du commissionnaire, plus souvent pour contenter le commettant qui ne veut pas être nommé, autorisent sans doute des soupçons, mais elles ne constituent pas des preuves de courtage clandestin. Les faits, les circonstances, l'honorabilité, la réputation du commissionnaire devront, avec la nature de l'opération, aider les Tribunaux à trouver le véritable caractère de la négociation.

40. D'autres traits radicaux distinguent, à ne pas les confondre, le représentant du commissionnaire.

Le commissionnaire est un commerçant pour son propre compte, il a des magasins, des entrepôts, des commis et des employés à son service.

Il trafique pour son compte et pour le compte d'autrui.

Il reçoit les marchandises d'autrui en consignation, et fait des avances sur le prix qu'il en retirera par la vente.

Il a un privilége pour ses avances sur les marchandises à lui expédiées d'une autre place pour être vendues pour le compte d'un commettant (article 93 et 94, Code de commerce).

Le représentant, au contraire, n'a en général ni boutique, ni magasin, ni commis..., il vend sur échantillons les marchandises de ses mandants, moyennant une remise proportionnelle sur les prix de vente, ou il achète pour ses mandants moyennant une remise proportionnelle sur les prix des achats. . . . .

. . . .

Le cadre de notre travail n'exige pas que nous en disions davantage sur ces distinctions.

CHAPITRE IV.

Des Représentants & des Représentés dans leurs rapports commerciaux.

41. Etudions maintenant la représentation dans les rapports des représentants avec les représentés.

Le représentant de commerce étant un mandataire, il faut rechercher la nature et la forme des mandats qui lui sont donnés.

42. Le contrat de représentation, comme le contrat de mandat dont il est la fidèle imitation, a pour objet, de la part du représenté, de donner pouvoir au représentant de faire quelque chose pour le représenté et en son nom. (Art. 1984, C. N.)

Son objet doit être licite ; s'il était contraire aux lois ou aux bonnes mœurs, il ne produirait aucun lien de droit. Il serait illicite, par exemple, si le mandat était donné pour faire la contrebande.

43. Le contrat ne se forme que par l'acceptation du représentant, expressément ou tacitement.

44. Il se forme par acte public, par acte sous signatures privées, par lettre et même verbalement, sauf la preuve pour ce dernier cas.

Il peut être tacite. C'est un principe admis en matière commerciale.

Il peut résulter d'un fait; par exemple, le représentant sachant que le représenté dont le pouvoir est expiré accomplit telle négociation, en accepte le résultat et les conséquences. La ratification justifie son existence.

Il résulte souvent de la tacite reconduction, c'est-à-dire de la continuation des opérations après l'expiration d'un premier pouvoir.

45. La preuve de l'existence du contrat, comme celle de l'acceptation du mandat, se constatent par les livres des parties, par la correspondance, par la preuve testimoniale... (Art. 109, Code de commerce.)

46. En matière de représentation, nous ne saurions trop recommander aux représentants de n'agir qu'en vertu d'un pouvoir exprès et écrit. Les dangers auxquels les exposent les critiques des courtiers doivent les rendre prudents jusqu'à l'excès.

Il ne faut pas croire néanmoins que le représentant, dont le pouvoir serait tacite, devrait succomber dans la lutte que lui intenteraient les courtiers; non assurément : il triompherait en prouvant l'existence de son mandat; mais les preuves en cette matière seraient d'autant plus difficiles que les opérations accomplies ressembleraient à des actes de courtage illicite. La prudence conseille au représentant d'être toujours en mesure de justifier sa qualité et le caractère propre de ses agissements.

47. Le mandat de représentation est salarié. C'est une présomption de droit en matière commerciale, à moins qu'il n'y ait convention contraire.

Le salaire, suivant l'usage, consiste dans une somme de tant pour cent, 2, 3, 4, 5 p. % de l'opération ou des opérations. Le chiffre en est généralement fixé d'avance, sinon les juges apprécient en équité.

48. Le salaire est dû même pour l'opération qui n'a pas réussi, selon le désir du représenté, proportionnellement aux soins donnés, et en sus des avances et déboursés.

49. Dans la pratique, le représentant imitant le commissionnaire, ce qui est assurément licite, ajoute à son engagement de mandataire un engagement additionnel, l'engagement de DUCROIRE, *del credere*, de garantie, par lequel il prend à sa charge, moyennant une somme déterminée, les risques d'insolvabilité, et s'engage à payer la marchan-

dise du représenté à jour fixe, et de ses deniers, à défaut de ses acheteurs.

Cette convention s'exprime ou par écrit, ou par paroles, ou tacitement ; il n'y a pas de formule consacrée pour la constater, elle résulte des termes mêmes dont se servent les contractants. Elle résulte, par présomption, du chiffre du salaire alloué au représentant qui, dans ce cas, reçoit en général le double du tant pour cent, soit 4 % quand le prix ordinaire est de 2 %, et de 10 quand il est ordinairement de 5 %...

50. Suivant les articles 1987, 1988 et 1989 du Code Napoléon, « le mandat est : ou spécial et pour une affaire « ou certaines affaires seulement, ou général et pour « toutes les affaires du mandant.

« Le mandat, conçu en termes généraux, n'embrasse que « les actes d'administration.....

« Le mandataire ne peut rien faire au-delà de ce qui « est porté dans son mandat..... »

Ces règles, appliquées à la représentation, doivent nécessairement être interprétées d'après le caractère commercial des opérations et d'après la nature propre de ces opérations. Ainsi, en général, le mandat de représentation pour vendre emporte nécessairement le pouvoir de toucher le prix ; le mandat d'acheter emporte le droit de payer. Mais le droit de toucher le prix de la marchandise n'emporte pas celui de disposer du prix. C'est une nouvelle opération. Néanmoins, les circonstances seules permettraient, en cas de difficultés, de décider si le représentant a agi au-delà de son mandat.

51. Les femmes et les mineurs émancipés pouvant être choisis pour mandataires, suivant les dispositions de l'article 1990 du Code Napoléon, il s'ensuit que s'ils sont autorisés à faire le commerce, ils peuvent être représentants de commerce, et, en ce cas, ils seront assimilés aux majeurs et auront toutes les capacités que leur confèrent les articles 3, 4, 5, 6 et 7 du Code de commerce.

52. Une société peut faire des actes de représentation ; c'est une personne morale qui a toutes les capacités des personnes civiles. L'article 91 du Code de commerce l'autorise implicitement, et par analogie, en permettant aux commissionnaires d'agir *sous un nom social.*

53. Le représentant est tenu d'accomplir le mandat qu'il tient du représenté, tant qu'il en demeure chargé. Il répond des dommages-intérêts qui résulteraient de son inexécution.

Il est tenu d'achever l'opération commencée au décès du représenté, s'il y a péril en la demeure. (Art. 1991, C. N.)

L'équité et la raison l'indiquent, il doit faire ce qu'il aurait fait pour ses propres affaires, sans toutefois sortir des conditions et des limites de son mandat, car il ne pourrait donner pour excuse qu'il a agi comme il aurait agi pour lui-même qu'autant qu'il se trouverait dans un cas qui n'avait pas été prévu.

Suivant la pratique de tous les jours, il doit tenir le représenté au courant des fluctuations du commerce dans la place où il se trouve, afin que le représenté puisse modifier, selon les circonstances, ses ordres et ses instructions. Quand il a conclu une opération, il doit immédiatement, au moins dans le plus bref délai, en instruire le représenté. Il en faut dire autant de tous les faits qui intéressent le représenté.

La force majeure seule pourrait excuser son retard dans l'accomplissement de son mandat, ou son défaut d'exécution.

54. Il répond non-seulement du dol, mais encore des fautes qu'il commet dans sa gestion. (Art. 1992, C. N.)

Sa responsabilité est d'autant plus rigoureuse qu'il reçoit un salaire.

Si pour gagner son tant pour cent il précipite les ventes, contracte avec des gens d'une solvabilité douteuse, il est responsable du défaut de paiement.

Si dans le même but de gagner son salaire, il achète sans vérifier scrupuleusement la qualité de la marchandise, s'il achète sciemment une marchandise détériorée, le représenté peut la refuser, et, selon les circonstances, lui demander des dommages-intérêts.

S'il s'écarte des conditions de son mandat, si, par exemple, il vend à terme au lieu de vendre au comptant, il commet une faute, mais il peut la couvrir en payant comptant la perte résultant du terme.

Il est tenu de la différence entre les prix qui lui avaient été imposés et ceux qu'il a fixés. La Cour de Lyon a décidé, le 23 août 1831, en matière de commission, que le mandataire ne peut prétendre compenser le gain qu'il a fait sur des opérations, en vendant au-dessus du prix fixé par le commettant, avec les pertes qu'il lui a fait éprouver en vendant d'autres marchandises au-dessous du prix qui lui avait été indiqué. Si cet usage blâmable s'était introduit dans la pratique, il serait du devoir de la justice de l'en chasser en condamnant toutes les prétentions de ce genre qui oseraient se produire.

55. Le représentant doit rendre compte de sa gestion au représenté, et lui faire raison de tout ce qu'il a reçu en vertu de sa procuration, quant même ce qu'il aurait reçu n'eût point été dû au représenté. (Art. 1993, C. N.)

L'obligation de rendre compte en cette matière est plus rigoureuse qu'en droit civil; il ne suffit pas de justifier de l'emploi des sommes ou des marchandises, il faut fournir un compte détaillé. Il s'agit d'opérations commerciales qui doivent être mentionnées sur les livres du représentant, et par conséquent le compte doit être toujours facile. Le soupçon de gains illicites ne doit pas être toléré de la part du représentant.

56. Il répond des personnes qu'il s'est substituées. (Art. 1994, C. N.)

La représentation ne suppose pas la substitution d'un représentant à un autre, parce qu'elle est un mandat de confiance qui repose sur la personne choisie. Cependant, il peut se présenter des cas où le représentant ne pouvant pas exécuter par lui-même le mandat dont il est chargé, délègue ses pouvoirs à un tiers. Il y a plus, dans des circonstances urgentes, cette délégation peut devenir un devoir pour le représentant, par exemple, si l'opération à accomplir pour le représenté est pressée, si les intérêts du représenté peuvent souffrir d'un retard. . . . . Dans tous ces cas, il répond du mandataire qu'il s'est substitué, de son exactitude, de sa probité et de sa fidélité. C'est aux juges à apprécier d'après les circonstances.

57. Il doit l'intérêt des sommes employées à son usage, à 6 p. %, à dater de cet emploi ; la matière est commerciale.

Il doit aussi les intérêts de celles dont il est reliquataire et *sans mise en demeure*. La correspondance et les livres de commerce en déterminent le départ. En cette matière, toute commerciale, il faut faire exception à la règle du droit civil. (Art. 1996, C. N.)

58. Le représentant étant obligé non pas seulement par devoir, mais encore *par précaution et en prévision d'être accusé de se livrer au courtage clandestin*, de faire connaître

ses pouvoirs aux personnes avec lesquelles il contracte, n'est tenu d'aucune garantie pour tout ce qui a été fait au-delà, s'il ne s'y est pas engagé personnellement et s'il a donné une connaissance suffisante de ses pouvoirs. (Art. 1997, C. N.)

59. Le représenté est tenu d'exécuter les engagements contractés par le représentant dans les termes et les limites du pouvoir donné. Sa ratification produit un effet rétroactif qui remonte au jour et à l'heure où chaque acte et chaque opération ont été accomplis.

Mais le représenté n'est tenu de ce qui a été fait au-delà du pouvoir qu'autant qu'il l'a ratifié expressément ou tacitement. (Art. 1998, C. N.)

60. Le représenté doit rembourser au représentant les frais qu'il a faits pour l'exécution de son mandat. Il doit lui payer son salaire, sa commission, conformément à leurs conventions, ou aux usages du commerce, dans les places de commerce où le mandat a été exécuté.

Il ne peut être dispensé de ces obligations quand même l'affaire n'aurait pas réussi, ni en faire réduire les chiffres, s'il n'y a aucune faute imputable au représentant. La loi civile (article 1999 du Code Napoléon) est absolue ; l'équité commerciale exige qu'elle le soit encore davantage, si c'est possible, en cette matière.

61. Il doit indemniser le représentant des pertes qu'il

a essuyées à l'occasion de sa gestion, sans imprudence qui lui soit imputable. (Art. 2000, C. N.)

62. Il lui doit les intérêts de ses avances à dater du jour où elles ont été faites, au taux commercial. (Art. 2001, C. N.)

63. Si au lieu d'un représenté il y en avait plusieurs qui eussent constitué le représentant pour une affaire commune, chacun d'eux serait tenu envers lui de tous les effets du mandat. (Art. 2002, C. N.)

64. Dans la plupart des difficultés auxquelles donnent naissance la reddition de compte de la représentation, on voit le représentant retenir les fonds ou les marchandises du représenté, en déclarant qu'il les rendra en recevant sa commission et le remboursement de ses avances. C'est une méprise des représentants sur leurs droits; ils doivent toujours offrir au représenté ses marchandises et ses valeurs, sauf à le poursuivre en paiement de ce qu'il leur doit. S'ils ont à craindre qu'il soit ou qu'il devienne insolvable, ils doivent se faire autoriser par justice à consigner en mains tierces les fonds et valeurs qu'ils détiennent pour son compte, et, au besoin, à les faire saisir à titre de garantie de leurs créances. Plus d'un représentant, pour s'être abusé sur ce point, a été exposé à des plaintes d'abus de mandat ou de confiance qui entraînent une arrestation et motivent une instruction judiciaire toujours préjudiciable à celui qui en est l'objet.

65. Il faut constater aussi qu'il n'est pas rare de voir des représentés élever toutes sortes de critiques sur leurs représentants et sur les opérations qu'ils ont accomplies pour eux, et cela dans l'unique but de faire réduire les sommes qu'ils leur doivent. La justice ne les épargne pas quand elle découvre leur mauvaise foi, et nous estimons qu'il est de son devoir de les frapper de dommages-intérêts au profit de ceux qu'ils ont traîné devant elle sans autre motif que leur désir de ne pas les payer. C'est de l'équité.

66. La représentation finit par la révocation que signifie le représenté de son mandat au représentant. Il n'y a pas nécessité d'indiquer de motifs, sa volonté suffit.

Le représenté peut forcer le représentant à lui remettre, quand bon lui semble, sa procuration, soit l'écrit ou la lettre qui la contient.

Mais le représentant a droit à un salaire proportionné à l'exécution qu'il a donnée à son mandat.

Cette révocation ne peut préjudicier aux tiers qui ont traité avec le représentant, ignorant cette révocation.

Cependant, il n'est pas nécessaire qu'elle leur soit notifiée, ils peuvent la connaître de toute autre manière. Leur prétendue ignorance est un fait à apprécier. (Articles 2003, 2004 et 2005, C. N.)

La révocation peut être opérée tacitement par la constitution d'un nouveau représentant à la place du premier, et pour la même affaire. La connaissance qu'a le premier constitué du second mandataire, lui indique suffisamment que sa mission a pris fin.

67. Le représentant peut aussi, par sa seule volonté, faire cesser le mandat qu'il a reçu en notifiant sa renonciation au représenté. (Art. 2007, C. N.)

Néanmoins, il est astreint à une certaine responsabilité envers le représenté. En acceptant son pouvoir il s'est engagé à veiller à ses intérêts, par conséquent il ne peut les abandonner témérairement, par caprice ou en considération d'une ou plusieurs opérations plus avantageuses pour lui que le salaire que lui procurera le mandat du représenté. Il ne doit renoncer qu'en temps opportun ou pour une juste cause. Il faut qu'il permette au représenté de se procurer un autre représentant ou de faire son affaire par lui-même, ou bien il faut qu'il ait de justes motifs d'agir de la sorte, par exemple que les opérations qui lui sont ordonnées l'exposent à commettre un délit, ou encore que le représenté ne tienne pas ses engagements envers lui.

L'article 2007 du Code Napoléon déclare que la renonciation que fait le mandataire ne le soumet à aucune responsabilité, s'*il se trouve dans l'impossibilité de continuer le mandat sans en éprouver lui-même un préjudice considérable*.

Cette réserve nous paraît difficile à appliquer aux affaires commerciales, surtout aux mandataires qui, comme les représentants de commerce, font un métier d'être mandataires des commerçants. Avant tout, ils se doivent à leur profession, leur intérêt personnel ne vient qu'après celui de leurs mandants. Par conséquent, il ne faudra les faire profiter de cette faveur que dans des cas très-rares et surtout dans ceux où leur renonciation sera empreinte de la bonne foi la plus évidente.

68. L'exécution donnée au mandat par le représentant qui ignorait la cause qui l'avait fait cesser est parfaitement valable. C'est de l'équité. Les engagements ainsi contractés doivent être exécutés à l'égard des tiers qui ont été de bonne foi. (Art. 2008, 2009, C. N.)

69. Les obligations du représentant passent, dans une certaine mesure, à ses héritiers. Ils doivent donner avis au représenté du décès de son mandataire et pourvoir, en attendant, à ce que les circonstances exigent dans l'intérêt du représenté. (Art. 2010, C. N.)

CHAPITRE V.

Des Représentants de Commerce comme Commerçants.

70. Le représentant de commerce, tel que la pratique et la loi nous le montrent, est évidemment un commerçant. Il fait journellement des actes de commerce ; sa profession est tour-à-tour et souvent en même temps une entreprise

de commission et un trafic de marchandises d'un patron par un commis, ou mandataire salarié.

71. En cette qualité, il est justiciable des Tribunaux de commerce, conformément aux dispositions des articles 631 et 632 du Code de commerce.

72. Il est encore justiciable des Tribunaux de commerce comme commis des marchands ou négociants par application des dispositions de l'article 634 du même Code.

73. En dehors des cas où sa profession ou ses opérations le rendent justiciable des Tribunaux de commerce, il en est d'autres qui peuvent le soumettre à cette même juridiction. Ainsi, si dans l'intention de n'être pas patenté comme commerçant ou comme représentant de commerce, il s'efforçait de demeurer par sa conduite et par ses actes, autre chose qu'un commis ou qu'un mandataire commercial, il serait néanmoins justiciable des Tribunaux consulaires par l'apposition qu'il aurait faite de sa signature sur une lettre de change ou un billet à ordre souscrit ou endossé par des commerçants (article 636, Code de commerce), pour garantir ou cautionner l'opération à laquelle il aurait prêté son entremise.

74. Il faut tenir pour certain que la représentation constitue des actes de commerce. Quelques efforts que fassent les représentants rebelles, pour échapper à cette qualifi-

cation, ils n'y échapperont pas, parce que les faits sont plus forts que les raisonnements.

75. Comme commerçant ou comme faisant des actes de commerce, le représentant de commerce est contraignable par corps, conformément aux termes de l'article 1er de la loi du 17 avril 1832, qui déclare que « la contrainte par « corps sera prononcée contre toute personne condamnée « pour dette commerciale au paiement d'une somme prin- « cipale de deux cents francs et au-dessus. »

Si la contrainte par corps a quelques raisons d'être, on peut affirmer qu'elle ne saurait jamais être plus justement appliquée qu'au représentant de commerce qui, par la nature de ses opérations et par ses rapports avec les représentés, est investi d'un mandat de confiance et de probité, qui doit le porter à exécuter toujours ses engagements envers ses mandants ou envers les tiers, avec exactitude et honnêteté.

76. Il est presque inutile de dire que le représentant peut obtenir la contrainte par corps contre les représentés, en les faisant condamner, soit à lui payer ses commissions, soit à lui rembourser ses frais et avances, soit à le couvrir des garanties ou des cautionnements qu'il aurait contractés ou exécutés pour eux et dans leur intérêt.

77. Si le représentant de commerce commet le délit de courtage illicite, il est traduit devant la police correction-

nelle et exposé à subir une condamnation à une amende qui est au moins du douzième et au plus du sixième du cautionnement des courtiers de la place, où s'est accompli le délit qui lui est imputé. (Art. 8 de la loi du 28 ventôse an IX.)

78. Le représentant de commerce est soumis à la patente, par la loi de finances du 4 juin 1858 qui, comme nous l'avons exposé sous le n° 3 de ce travail, a pour la première fois, défini cette profession et l'a ainsi virtuellement légalisée.

FIN.

TABLE DES MATIÈRES

Lyon. — Impr. de veuve Mougin-Rusand, rue Tupin, 16.

OUVRAGE DU MÊME AUTEUR

TRAITÉ

DES

SOCIÉTÉS COMMERCIALES

Législation française comparée aux législations des différentes nations de l'Europe et des principaux États de l'Afrique et des deux Amériques.

Commentaire sur la loi du 17 juillet 1856, relative aux sociétés en commandite par actions.

www.ingramcontent.com/pod-product-compliance
Ingram Content Group UK Ltd.
Pitfield, Milton Keynes, MK11 3LW, UK
UKHW020410230726
13925UKWH00003B/1339